www.ingramcontent.com/pod-product-compliance
Lightning Source LLC
LaVergne TN
LVHW010417070526
838199LV00064B/5330
9789358721577

اسلام اور اصلاح معاشرہ

(مضامین)

مرتبہ:

اعجاز عبید

© Taemeer Publications LLC

Islam aur Islaah Muaashara (Essays)

by: Aijaz Ubaid

Edition: March '2024

Publisher :

Taemeer Publications LLC (Michigan, USA / Hyderabad, India)

ISBN 978-93-5872-157-7

مصنف یا ناشر کی پیشگی اجازت کے بغیر اس کتاب کا کوئی بھی حصہ کسی بھی شکل میں بشمول ویب سائٹ پر
اَپ لوڈنگ کے لیے استعمال نہ کیا جائے۔ نیز اس کتاب پر کسی بھی قسم کے تنازع کو نمٹانے کا اختیار
صرف حیدرآباد (تلنگانہ) کی عدلیہ کو ہوگا۔

© تعمیر پبلی کیشنز

کتاب	:	**اسلام اور اصلاح معاشرہ** (مضامین)
مرتب	:	**اعجاز عبید**
پروف ریڈنگ / تدوین	:	اعجاز عبید
صنف	:	غیر افسانوی نثر
ناشر	:	تعمیر پبلی کیشنز (حیدرآباد، انڈیا)
سالِ اشاعت	:	۲۰۲۴ء
صفحات	:	۴۰
سرورق ڈیزائن	:	تعمیر ویب ڈیزائن

فہرست

(۱)	اصلاح معاشرہ کی ضرورت اور تعلیمات نبوی ﷺ	6
(۲)	اسلامی جہاد معاشرے کی اصلاح کا بہترین ذریعہ	10
(۳)	معروضی صورتِ حال اور اصلاحِ معاشرہ	15
(۴)	اصلاح معاشرہ میں والدین کا کردار	20
(۵)	اصلاح معاشرہ کی صحیح صورت	31
(۶)	اصلاحِ معاشرہ کا درست طریقہ	36
(۷)	عورت کا معاشرتی کردار	37

اصلاح معاشرہ کی ضرورت اور تعلیمات نبوی ﷺ

اسلامی تعلیم کا بنیادی مقصد انسانی معاشرے کی اصلاح کرنا ہے، اور اس طرح اصلاح کرنا ہے کہ دنیا میں تمام انسان امن و امان کی زندگی بسر کریں اور اس طرح زندہ رہیں کہ اخلاق کا دامن کبھی ہاتھ سے نہ چھوٹے اور آخرت کی لامتناہی زندگی کے لیے پورے اخلاق و تقویٰ کے ساتھ تیاری کریں اللہ ان سے راضی ہو، اسلامی تعلیم کا یہ بنیادی مقصد صرف اس طرح سے حاصل ہو سکتا ہے کہ اللہ تعالیٰ کے حکم کے مطابق ہم رسول اکرم صلی اللہ علیہ وسلم کے اسوہ حسنہ کی پیروی کرتے ہوئے یہ معلوم کریں کہ حضور صلی اللہ علیہ وسلم نے معاشرے کی اصلاح کس طرح کی تھی۔

ہمارے لیے اس دنیا کے کسی دوسرے مفکر اور مصلح فلسفی اور رہبر کی ضرورت نہیں ہے کیونکہ ہمارے سامنے ہر کام کی غایت اللہ سبحانہ تعالیٰ کی رضا ہے اور اللہ نے قرآن حکیم میں واضح طور پر ہمیں یہ حکم دیا ہے کہ اس کی رضا اور خوشنودی صرف رسول اللہ صلی اللہ علیہ وسلم کی پیروی ہی سے حاصل ہو سکتی ہے، بلکہ اس نے ہم سے یہ بھی وعدہ کیا ہے کہ تم اللہ کے رسول کی پیروی کرو گے تو اللہ تعالیٰ تم سے محبت کرے گا ذرا غور فرمایئے کسی انسان کے لیے اس سے زیادہ بڑا مرتبہ اور کیا ہو سکتا کہ خود اللہ اس سے محبت کرنے لگے۔

اس تمہید سے یہ بات واضح ہو گئی کہ اصلاح معاشرہ کے لیے بھی ہمیں رسول کا ہی اتباع کرنا ہو گا اور آپ ہی کی بتائی ہوئی راہ پر چلنا ہو گا اور آپ کی حیات طیبہ کا مطالعہ کرنا ہو گا، ہماری خوش قسمتی یہ ہے کہ اللہ تعالیٰ کے آخری رسول کی پوری زندگی کا ریکارڈ ہمارے اسلاف نے ہمارے لیے جمع کر دیا ہے، اس کے علاوہ حضرت عائشہؓ کے بلیغ ارشاد

کے مطابق خود قرآن حکیم ہی آپ کی مبارک زندگی کا سب سے زیادہ قابل اعتماد وسیلہ موجود ہے۔ اصلاح معاشرہ کے سلسلے میں حضور صلی اللہ علیہ وسلم نے جو کامیابی حاصل کی وہ دنیا کی تاریخ کا سب سے بڑا اور سب سے اہم واقعہ ہے، عرب کے باشندے مختلف ٹولیوں میں بٹے ہوئے تھے، جہالت و سرکشی نے انہیں ایسے اوصاف سے بھی محروم کر دیا تھا کہ جو تمام انسانوں کے لیے تو کیا خود ان کے لیے ہی ایک پر امن معاشرہ مہیا کرتا، ایسے معاشرے میں اللہ کے رسول پیدا ہوئے اور اللہ تعالیٰ نے آپ کو نبوت سے سرفراز فرمایا اور آپ صلی اللہ علیہ وسلم کے ذمہ یہ کام لگایا کہ معاشرے کو برائیوں سے پاک کریں اور اس طرح اصلاح کریں کہ وہ دنیا کا مثالی معاشرہ بن جائے اور افراد معاشرہ دنیا کی بہترین افراد بن جائیں۔ رسول اللہ صلی اللہ علیہ وسلم کی حیات طیبہ کے مطالعے سے معلوم ہوتا ہے کہ اصلاح معاشرہ کے سلسلے میں آپ صلی اللہ علیہ وسلم نے دو بنیادی اصولوں پر عمل کیا، ایک تو یہ کہ آپ نے کبھی کوئی ایسی بات نہیں کہی، جس پر آپ خود عمل نہ فرماتے ہوں، حضور صلی اللہ علیہ وسلم کے قول و فعل میں کبھی تضاد نہ تھا، جو فرماتے تھے خود اس پر عمل فرماتے تھے۔ اب یہ بات واضح ہو گئی کہ اصلاح معاشرہ کی کوئی کوشش اس وقت تک کامیاب نہیں ہو سکتی جب تک اصلاح کرنے والا خود اس پر عمل نہ کرتا ہو، یہاں یہ نکتہ بھی قابل غور ہے کہ رسول اللہ کی تعلیم اور اصلاح معاشرہ کی کوئی کوششیں ایسی بار آور ہوئیں کہ لوگوں کی کایا پلٹ گئی، لیکن آپ سے قبل سقراط، افلاطون اور ارسطو اور بیسوں دوسرے حکما اور فلسفی اور مصلحین جو وعظ نصیحت کرتے رہے اور انہوں نے فلسفہ اور عقل و دانائی کی بنیاد پر شان دار عمارتیں کھڑی کر دیں لیکن معاشرے پر ان کا کوئی اثر نہیں پڑا ایسا صرف اس لیے ہوا کہ وہ دوسروں کو تو روشنی دکھاتے رہے، لیکن خود تاریکی سے باہر نہیں آئے وہ رحم و محبت کا سبق پڑھاتے رہے،

لیکن خود غریبوں پر رحم کھانے سے عاری تھے اور دشمنوں سے محبت کرنے کی عظمت سے محروم تھے۔ آج ہمارے معاشرے کا کیا حال ہے؟ آج ہم کہاں کھڑے ہیں؟ قرآن نے کہا:

ولا تلقوا بایدیکم الی التہلکۃ (سورۃ البقرہ)

ترجمہ: اپنے تئیں اپنے ہاتھوں سے ہلاکت میں نہ ڈالوں۔"

احکام الٰہی کی رو سے انسان کو اپنے تئیں ہلاکت میں ڈالنا منع ہے، مگر ہم نے اللہ اور رسول اور قرآن و سنت سے صرف نظر کر کے خود کو، اور پوری ملت پاکستانیہ کو اس راہ پر ڈالے رکھا جو صرف ہلاکت کی طرف لے جاتی ہے، چنانچہ آج حال یہ ہے کہ ہمارے معاشرے میں ہر قسم کے رذائل سرایت کر چکے ہیں، حد یہ ہے کہ عزت اور جان بھی اپنے ہی بھائیوں کے ہاتھوں خطرے میں رہتی ہے، اور ایسا بھی نہیں ہے کہ اصلاح معاشرہ کی کوشش نہ ہو رہی ہو، سیاست دان اصلاح کی تلقین کرتے رہتے، وعظ و تبلیغ کا ایک سلسلہ ہے جو قیام پاکستان کے بعد سے برابر جاتی ہے، مسجدوں کے امام ہر جمعہ کو لوگوں کو اچھا بننے کی تلقین بھی کرتے رہتے ہیں، لیکن ان تمام کوششوں کا بظاہر کوئی مثبت نتیجہ نظر نہیں آتا، غالباً اس کی بہت بڑی وجہ یہی ہے کہ ہم جو بات یا کام ترک کرنے کو کہتے ہیں خود ترک نہیں کرتے، یہ طریق اصلاح سنت رسول کے خلاف ہے، اس لیے کبھی بر آور نہیں ہو سکتا۔ اسلام میں اصلاح معاشرہ کا ایک بنیادی نکتہ یہ ہے کہ رسول اللہ صلی اللہ علیہ وسلم نے اوائل زندگی ہی سے سچائی اور راست بازی پر سختی کے ساتھ عمل کیا اور مسلمانوں کو جھوٹ سے بچنے کی تلقین کرتے رہے، خود آپ صلی اللہ علیہ وسلم نے زندگی میں کبھی جھوٹ نہیں بولا اور صحابیوں کو بھی اس رذیل ترین فعل سے احتراز کرنے کی تاکید فرماتے رہے، آپ صلی اللہ علیہ وسلم کا یہ وصف بعثت سے قبل بھی

اس قدر نمایاں تھا کہ کفار و مشرکین بھی آپ صلی اللہ علیہ وسلم کو صادق اور امین مانتے تھے۔ معاشرے کی تمام برائیوں میں سر فہرست جھوٹ ہے، اسلام کی لغت کا سخت ترین لفظ "لعنت" ہے، قرآن پاک میں اس کا مستحق شیطان اور اس کے بعد مشرک، کافر اور منافق کو بتایا گیا ہے، لیکن کسی مومن کو کذب یعنی جھوٹ کے سوا اس کے کسی فعل کی بناء پر لعنت سے یاد نہیں کیا گیا ہے، اس کا مطب یہ ہے کہ جھوٹ ایسی برائی ہے کہ مسلمان سے بھی سرزد ہو تو اس کے لیے لعنت کی وعید ہے۔ پاکستان کا معاشرہ کئی قسم کی برائیوں میں مبتلا ہے، ذخیرہ اندوزی، چیزوں میں ملاوٹ، ناپ تول میں کمی، آپس ہی میں ایک دوسرے کو نقصان پہنچانے کی کوشش، لوٹ مار، ڈاکا، انسانوں کا اغوا اور قتل و غارت، وعدہ خلافی، خیانت اور بد دیانتی، چغل خوری، بہتان اور غیبت، رشوت اور جوا اور سود، سوال یہ ہے کہ معاشرے کی اصلاح کیوں کر ہو؟ اس کا عملی جواب یہ ہے کہ سربراہان معاشرہ اپنے کردار کو درست کریں اور صرف ایک برائی کو چھوڑنے کی کوشش کریں تو معاشرہ بتدریج انشاء اللہ اصلاح کی راہ پر گامزن ہو جائے گا۔ آیئے اب رفعت خلق کی بلندی اخلاق کا تجربہ کر لیں اور اس حقیقت کو فراموش نہ کریں کہ صرف اخلاق کی اچھائی سے ہم معاشرے کی اصلاح کر سکتے ہیں اور پاکستان کو صحیح معنی میں پاکستان بنا سکتے ہیں۔

دعا ہے کہ اللہ تعالیٰ ہم سب کو اپنی اور اپنے ملک کی اصلاح کی توفیق عطا فرمائے، آمین۔

***

اسلامی جہاد معاشرے کی اصلاح کا بہترین ذریعہ

دنیا میں ہر حاکم کی یہی خواہش ہوتی ہے کہ اُس کی رعایا سب سے اچھی ہو اور انسانی و اخلاقی اقدار سے دور نہ ہو جائے، جو حاکم صالح نہیں بھی ہوتے وہ بھی بظاہر ایسا ہی دکھاوا کرتے ہیں حتی کہ غیر مذہبی حکومتیں بھی یہی چاہتی ہیں کہ ان کی رعایا اور معاشرہ اخلاقی اقدار کو گم نہ کر دیں کیونکہ جس معاشرے میں اخلاقی زوال آ جاتا ہے وہ منتشر ہو کر برباد ہو جاتا ہے۔ شہروں، بستیوں، قصبوں اور دیہاتوں میں امن کمیٹیاں اور سماج سدھار تنظیمیں اور پولس و انتظامیہ کی جانب سے ان کی حوصلہ افزائی اس کی اہمیت کو بیان کرتی ہے۔ پوری دنیا کے اصلاح معاشرہ کے لئے یہ اقدامات ایک طرف اور اسلامی جہاد ایک طرف، اسلامی جہاد سے معاشرہ جیسا صاف ستھرا اور پُر امن رہتا ہے ایسا کسی بھی ذریعہ سے نہیں رہ سکتا، یہ اسلامی جہاد ہی ہے جس کی بدولت خود بخود ہر انسان اپنے آپ پر نگاہ رکھتا ہے اور اپنا محاسبہ کر کے آلودگیوں سے بچنے کے راستے فراہم کرتا ہے، اسے ہم جہاد بالنفس کہتے ہیں، یہ اسلامی جہاد ہی ہے جس کی وجہ سے ہر مسلمان اپنا فرض سمجھتا ہے کہ وہ اپنے قلم کو معاشرے کی اصلاح و بھلائی میں استعمال کرے، اسے جہاد بالقلم کہا جاتا ہے، یہ اسلامی جہاد ہی ہے جو انسانوں کو یہ دعوت دیتا ہے کہ وہ اپنی زبان سے برائیوں کو نہ پھیلنے دیں اسے جہاد باللسان کے نام سے یاد کیا جاتا ہے، یہ اسلامی جہاد ہی ہے جو معاشرے پر ہر قسم کے اٹیک کو ڈفینس کے ذریعہ روکنے کی تاکید کرتا ہے، ڈفینس صرف تلوار یا دیگر اسلحہ سے ہی نہیں ہوتا بلکہ معاشرے پر چاہے اقتصادی حملہ ہو یا مخرب اخلاق فلموں اور سیریلوں کے ذریعہ ثقافتی یلغار ہو دفاع کرنا ضروری ہے، بعض نادان لوگ مخرب اخلاق فلمیں دکھانے والے سینما گھروں کے مالکوں کو دھمکیاں دیتے

ہیں یا پھر بم سے اڑا دیتے ہیں یہ طریقۂ کار اسلامی جہاد کے منافی ہے،اس کے دفاع کا بہترین طریقہ یہ ہے کہ اخلاقی قدروں پر مبنی فلموں، سیریلوں اور لٹریچر کی معاشرے میں فراوانی کر دی جائے۔ لوگوں نے جہاد کو بغیر سمجھے اسے بدنام کرنا شروع کر دیا، بدنام کرنے والوں میں ایسے بھی تھے جو اسلامی جہاد کے فلسفے سے اچھی طرح آشنا تھے مگر معاشرے میں اخلاقی اصول و ضوابط کو پنپتا ہوا نہیں دیکھ سکتے تھے لہٰذا انہوں نے اسلامی جہاد کی مخالفت کر کے اسے دہشت گردی کا نام دے دیا،ایسے یہودی یا عیسائی نظریہ پرداز اگر تنہا خود یہ کام انجام دیتے تو اتنا کامیاب نہ ہوتے جتنا مٹھی بھر جاہل مسلمانوں کو استعمال کر کے ہوئے کیونکہ ان مسلمانوں نے جو بھی غیر اخلاقی و غیر انسانی کام انجام دیئے وہ جہاد ہی کے نام پر دیئے جس سے پوری دنیا میں جہاد جیسا معاشرہ ساز فریضہ نفرت میں تبدیل ہو گیا اور ڈر ہے کہ کہیں اس مقدس فریضہ کو جرم نہ بنا دیا جائے اور پھر اس کے لئے کوئی دفعہ بھی ایجاد کر لی جائے۔ڈکشنری میں جہاد کے معنی کوشش کے ہیں اور یہ کوشش چاہے کسی بھی کام کے لئے کی جائے جہاد کہلائے گی اور اصطلاح میں معاشرے سے برائیوں کو جڑ سے ختم کرنے کی راہ میں کوشش کرنا جہاد کہلاتا ہے،اسی لئے اسلامی روایات میں جہاد کی درجہ بندی میں سب سے اوپر جہاد بالنفس (اپنے نفس سے جہاد کرنا) رکھا گیا ہے یعنی اپنے نفس کو خواہشات کی پیروی اور برائیوں سے روکنا،روایات میں اسے "جہاد اکبر" کا نام دیا گیا ہے یعنی سب سے بڑا جہاد،جب ہر انسان اسلامی اصولوں پر عمل کرتے ہوئے اپنے نفس کو برائیوں اور خواہشات کی پیروی سے دور رکھنے کے لئے جدوجہد کرے گا تو یہ معاشرہ جنت نظیر بن جائے گا نہ پولس کی ضرورت ہو گی نہ عدالتوں پر کروڑوں خرچ کرنے پڑیں گے، جہاد بالنفس سے خود بخود پورا معاشرہ مہذب اور با اخلاق ہو کر راحت و سکون کے ساتھ اپنی منزلیں طے کرے گا،اسلامی روایات میں جہاد

باللسان کو دوسرے درجہ میں رکھا گیا ہے یعنی برائی کو دیکھ کر انسان خاموش نہ رہے بلکہ برائی کو برا ضرور کہے، اس جہاد کو امر بالمعروف اور نہی عن المنکر کہتے ہیں، زمانہ اتنا دگر گوں ہو گیا ہے کہ برائی کرنے والے کو برائی سے کوئی نہیں روکتا بلکہ سب اسی کو برا بھلا کہتے ہیں جو برے کو برا کہتا ہے، ایک طرف تو معاشرہ علماء پر یہ الزام تراشی کرتا ہے کہ علماء حضرات معاشرے کو سدھارنے کے لئے کوئی قدم نہیں اٹھاتے دوسری جانب اگر کوئی شخص کسی شخص کی برائی پر نگاہ رکھتا ہے اور اسے ٹوکتا ہے تو یہی معاشرہ کہتا ہے کہ میاں تمہیں کیا مطلب؟ جو کر رہا ہے کرنے دو، اس کو اگر برائی پر ٹوکو گے تو معاشرے میں اس سے انتشار پھیلے گا، یہ منطق برائی کو سماج میں پھیلانے کے لئے ایجاد کی گئی ہے اور اسلامی تعلیمات کے سو فی صد خلاف ہے، قرآن مجید میں ارشاد ہوتا ہے:

"ولتکن منکم امۃ یدعون الی الخیر و یامرون بالمعروف و ینھون عن المنکر و اولٰئک ھم المفلحون"

'اور تم میں سے ایک گروہ کو ایسا ہونا چاہئے جو خیر کی دعوت دے، نیکیوں کا حکم دے، برائیوں سے منع کرے اور یہی لوگ نجات یافتہ ہیں'

یہ جہاد اسلام کے نظام کا ایسا جزو ہے جو خود بخود معاشرے کی نگرانی کرتا ہے، ہر انسان اپنا شرعی فریضہ سمجھتے ہوئے ایک دوسرے کو اس کے اعمال و رفتار سے آگاہ کرتا ہے اور یہاں یہ مثل صادق آتی ہے کہ: "مومن، مومن کا آئینہ ہے" اسلام کے علاوہ کسی اور مذہب میں برائیوں کو روکنے اور اچھائیوں کو پھیلانے کا ایسا طریقہ نہیں پایا جاتا، یہ شرف تو صرف اسلام ہی کو حاصل ہے کہ وہ معاشرے میں ہر قسم کے فساد کا مخالف ہے جو اس دنیا میں ہر صالح حکومت اور حاکم کی تمنا ہوتی ہے، اس کے بعد جہاد بالقلم یعنی معاشرے کو سدھارنے کے لئے قلم کے ذریعہ کوشش کی جائے، اس جہاد کے بھی بے

حد ثواب ہیں اور اس کا درجہ تلوار کے جہاد سے بڑا ہے، قول معصوم ہے کہ:" عالم کے قلم کی سیاہی کا قطرہ شہید کے خون سے افضل ہے" اس روایت میں واضح طور پر جہاد بالسیف یعنی تلوار کے جہاد پر قلم کے جہاد کی فضیلت کو بیان کیا گیا ہے، قلم کے ذریعہ کیا گیا جہاد سب سے زیادہ دیرپا ہوتا ہے، تقریریں ذہنوں سے محو ہو سکتی ہیں لیکن قلمی کاوشیں کتابوں اور لٹریچر کی شکل میں زیادہ عرصہ تک محفوظ رہتی ہیں، جس سے کئی کئی نسلیں استفادہ کر سکتی ہیں اسی لئے جہاد بالقلم کی بہت تاکید ہے۔ اس کے بعد جہاد مالی ہے یعنی مال کے ذریعہ معاشرے کی فلاح و بہبود کا انتظام کرنا تاکہ معاشرے میں جرائم کا گراف بڑھ نہ جائے، تحقیقات سے یہ بات ثابت ہو چکی ہے کہ معاشرے میں جرائم فقر و ناداری کی وجہ سے زیادہ ہوتے ہیں، لہٰذا اس راہ میں صاحب استطاعت لوگ اپنا مال راہ خدا میں خرچ کر کے ایسے جرائم کو روک سکتے ہیں، مال خرچ کرنے سے مراد یہ نہیں ہے کہ تھوڑا بہت دے کر فقیری کی لت کو پروان چڑھایا جائے بلکہ نادار شخص کو اس کے پیروں پر کھڑا کر دیا جائے، ایسا کرنے سے معاشرہ خود بخود پر سکون ہو جائے گا، سب سے نچلے طبقے میں جہاد بالسیف یعنی معاشرے کی اصلاح اور اُس پر ہونے والے حملوں کے دفاع میں اسلحہ اٹھانا، اگر ہم تاریخ یعقوبی، الامامہ والسیاسہ، وقعہ صفین، شرح نہج البلاغہ، بحار الانوار ، تاریخ طبری، مروج الذہب وغیرہ تاریخی کتابوں کا مطالعہ کریں تو بزرگان اسلام کے لکھے ہوئے سیکڑوں خطوط اور کئی گئی تقریریں مل جائیں گی جو اِن بزرگوں نے معاشرے کے دفاع اور راہ خدا میں تلوار چلانے سے پہلے مد مقابل سے جہاد بالقلم اور جہاد باللسان کے طور پر کیں بالخصوص امام حسین نے میدان کربلا میں تو اس کا بہت زیادہ اہتمام کیا ۱۰ محرم ۶۱ ہجری سے پہلے تک آپ برابر جہاد باللسان اور جہاد بالقلم فرماتے رہے حتی کہ جب آپ تنہا رہ گئے اُس وقت بھی آپ نے ان جہادوں کو ترک نہ فرمایا اور آخری مرتبہ

یزیدی فوج کو مخاطب کر کے فرمایا جس کا مفہوم یہ ہے کہ: "ابھی بھی اگر تم راہ راست پر آ جاؤ تو میں اپنے اصحاب اور اولاد کی دردناک شہادت کو بھلا سکتا ہوں" امام عالی مقام نے اس وقت تلوار چلائی جب یزیدی فوج نے کسی بھی ہدایت کو قبول کرنے سے انکار کر دیا ،عالم اسلام میں اس سے اچھی مثال جہاد بالسیف کے نچلے پائیدان میں ہونے کی نہیں مل سکتی ،اور یہ اجازت بھی اسلام نے شاید اس لئے دے دی کہ اس کی نظر میں اصلاح معاشرہ بہت اہم ہے۔ اسلام دشمن عناصر اس جہاد کو قتل و غارت گری سے تشبیہ دیتے ہیں جو کہ غلط ہے، چونکہ اسلام عالم انسانیت کے لئے امن کا پیغام لے کر آیا تھا لہٰذا وہ طاقتیں جو معاشرے کے کمزور لوگوں کا خون چوس رہی تھیں اور ان کو سودی قرضوں میں جکڑ کر غلام بنا چکی تھیں اسلام کے اس پیغام سے بوکھلا گئیں اور ہر طرح کی مخالفت شروع کر دی جس کا سلسلہ آج تک جاری ہے، لہٰذا اسلام نے بھی مسلمانوں کو اپنے دفاع کا حق دیا ہے جس کو عقل بھی تسلیم کرتی ہے۔

***

معروضی صورتِ حال اور اصلاحِ معاشرہ

اجمل خٹک کشر

ہر کوئی جلدی میں ہے، کسی کے پاس وقت نہیں ہے، ہر کوئی مصروف ہے، کسی کو حرص و لالچ نے گھیر رکھا ہے، کوئی مستی کے دریا عبور کرنے میں مگن ہے اور کسی کا فاقوں سے پالا پڑا ہے۔ دوسری جانب معاشرہ ہے کہ بے سمت رواں ہے۔ ایک اقلیتی دوست کا کہنا ہے کہ سیاست زندگی کا ایک جز تو ہے لیکن کُل نہیں ہے، پھر بھی میڈیا نے اسے کُل بنا دیا ہے۔ یہی وجہ ہے کہ زید سے لے کر بکر تک کی توجہ سیاست پر مرکوز ہے۔ تعلیم، صحت، کھیل، تفریح سمیت معاشرے کو سنوارنے والے دیگر عوامل جیسے ہیں کہ نہیں ہیں !!۔ ان کا کہنا ہے کہ پاکستانی معاشرہ جس برق رفتاری سے انحطاط کا شکار ہے اسے اسفل کھائی میں گرنے سے کون بچائے گا۔ کیا ہم نے اجتماعی خودکشی کا راستہ نہیں اپنا لیا ہے۔!؟ ماہرین معاشرے اور برائی کی سائنسی تعریف یوں بتاتے ہیں کہ ایک ایسا معاشرہ جو بالذات برا نہیں ہے لیکن برا بن گیا یا بنا دیا گیا اور معاشرتی برائی سے مراد وہ "بّرا" انسانی کردار جو اچھے کردار کی ضد ہوتا ہے۔ برا انسانی کردار خود بخود پیدا نہیں ہوتا بلکہ پیدا کر دیا جاتا ہے۔ اچھا کردار انسانی جبلّت میں مضمر ہوتا ہے، لیکن بد کرداری اس جبلّت پر غالب آ کر اسے ملیا میٹ کر دیتی ہے۔ ان کے مطابق معاشرے کے معروضی حالات خود بخود پیدا نہیں ہوتے بلکہ معاشی اصول و قوانین، طور طریقے اور اسالیب کے زیر سایہ پروان چڑھتے ہیں۔ معاشرتی برائیاں یا تو انسانی ضروریات اور مثبت خواہشات کی عدم تکمیل یا عدم مساوات کی وجہ سے پیدا ہوتی ہیں اور یا پھر لذت پسندی، عیاشی اور حرص و ہوس اس کا سبب بنتے ہیں یعنی جب جائز خواہشات کی تکمیل کی راہیں مسدود کر لی

جاتی ہیں تو پھر جرائم کا آغاز ہوتا ہے یا پھر سیم وزر کی مزید حرص اور عیاشی کی لت جرائم کا دروازہ کھول دیتی ہے۔

پاکستانی معاشرہ چونکہ ہر دو صورتوں کا عکس ہے لہٰذا یہ خطرناک اور ہلاکت خیز منظر کشی لئے ہوئے ہے۔ ہم دیکھتے ہیں کہ ہمارے معاشرے کی غالب اکثریت کے قلب و نظر میں یک ہی نکتہ براجمان ہے کہ سب لوٹ کر کھا رہے ہیں۔ میں رہ گیا!! لہٰذا ایک طرف غربت کے مارے چوری چکاری، منشیات، قتل و غارت، اغواء اور اس جیسے دیگر جرائم میں مبتلا ہیں، جو ان کیلئے روح جاں سے کہیں زیادہ وبال جاں ثابت ہوتے ہیں تو دوسری طرف طبقاتی اجارہ داری اور لذت پرستی کیلئے سرگرداں 'بد عنواں ہیں۔ قانون جن کی گھر کی لونڈی ہے اور اس خصوصی استحقاق میں ان کی انفرادی یا طبقاتی مطلق العنانی کارفرما ہوتی ہے۔ بیگانگیِ ذات کو کسی معاشرے کے زوال کی معراج کہا جاتا ہے۔ ایسے معاشرے میں ایک فرد جہاں اجتماعی کردار سے بیگانہ ہوتا ہے، وہاں اپنی ذات سے بیگانگی کا اظہار کرتا ہے اور برائی کو خوبی سمجھنے لگتا ہے۔ یہاں تک کہ اس کی نظر میں خوب وزشت کا فرق ختم ہو جاتا ہے۔ دوسروں پر تنقید کو فلسفہ اور ذاتی برائیوں کو فیشن کہنے لگتا ہے۔ معاشرے کی ان برائیوں کا تعلق معاش سے ہے جبکہ معاشرت سے متعلق برائیاں بھی اژدہے بنے نئی نسل کو نگل رہی ہیں۔ ایک طرف مغربی سامراج ہے جو ذہنی، فکری اور تہذیبی طوق و سلاسل پاکستانی عوام کے گلے میں ڈالے ہوئے ہے تو دوسری طرف بھارتی ثقافتی سامراج ہے جو آئے روز ہماری نئی نسل کو غیر محسوس بلکہ ہنستے ہنساتے، ناچتے نچواتے "نظریۂ پاکستان" کو اجاڑنے بلکہ پامال کرنے کیلئے تیار کر رہا ہے یعنی اکھنڈ بھارت کی مکروہ جھلک تقریباً ہر پاکستانی کے گھر میں یوں نظر آتی ہے کہ ہمارے رنگ و آہنگ، چال و ڈھال پر شاہ رخ اور رانی مکرجی کی چھاپ لگ چکی ہے۔ ہم قومی زبان کو جہاں

انگریزی الفاظ سے آلودہ کر رہے ہیں، وہاں ہندی کی مسخ شدہ صورت اردو کو بد نما بنانے پر تلی ہوئی ہے۔ ہم مقبوضہ کشمیر سے بھارتی قابض افواج کو تو نکال ہی لیں گے لیکن بھارتی اداکاروں کی شرارتوں اور نزاکتوں سے کس طرح چھٹکارا پائیں گے؟ اس کا جواب نئی نسل پر نہیں داعیان مصلح قوم پر قرض ہے۔!!

اس پر دو رائے نہیں کہ فیوڈل ازم، قومی معاشی وسائل پر محدود طبقات کی اجارہ داری، عدم سرمایہ کاری، افرادی قوت کے انتشار، آبادی کے تناسب سے اقتصادی جامع منصوبوں کے فقدان، طبقاتی لوٹ کھسوٹ اور عوام دشمن پالیسیوں کے باعث ہم آج یہ دن دیکھ رہے ہیں، لیکن یہ نوبت تو اس امر کی نشاندہی کرتی ہے کہ ہمارے ہاں معاشرے کو سنوارنے والے عوامل بروئے کار ہی نہیں لائے گئے یا انکا بے جا و غلط استعمال ہوا۔ مثلاً اسکول و مدرسہ وہ تربیت گاہیں ہیں جو معاشرے کی توانا عمارت کیلئے خام مال کی تراش خراش کا بنیادی فریضہ انجام دیتی ہیں۔ یوں تو گھر کو بچے کی اصل تربیت گاہ یا پہلا مدرسہ کہا جاتا ہے لیکن اس تربیت کے ہر کارے اگر کسی مدرسے یا اسکول کے در و دیوار سے آشنا نہ رہے ہوں تو اصلاح معاشرے کے اولین سفر میں مشکلات کا در آنا یقینی ہے۔ سادہ الفاظ میں مدرسہ یا اسکول ہی بنیادی نرسری ہے اور استاد اس کا مرکزی کردار ہے۔ جان آدم کے اس قول کہ ""Teacher is the maker of man سے ظاہر ہوتا ہے کہ انسان کو انسان بنانے کا سہرا معلم کے سر ہے۔ H.G. Wells کا کہنا ہے کہ " Teacher is the real maker of the history"۔ بنا بریں ان دونوں ماہرین کے اقوال سے صرف تعلیم ہی نہیں، قومی ترقی و خوشحالی میں بھی معلم کا کردار سامنے آتا ہے۔ ماہرین تعلیم کے مطابق معلم وہ با اثر ہستی ہے جس کے تعاون کے بغیر قومیں ترقی نہیں کر سکتیں۔ انسان میں انسانی اوصاف نمایاں کرنے اور اسے اپنی صلاحیتوں کو کام میں لانے کیلئے معلم

کا سہارا لینا پڑتا ہے۔ جس قوم کے معلم سماجی، اخلاقی اور ذہنی طور پر پست ہوں گے وہاں کے افراد یقینی طور پر پستی میں گرے ہوئے ہوں گے۔ اسلام میں تو انبیاء نے معلم بنتے ہوئے اصلاح معاشرے کا اساسی فریضہ سر انجام دیا ہی، مغربی معاشروں میں بھی معلم ہی کو معاشرے کا راہ رو اور نوجوان نسل کا راہبر تسلیم کیا گیا۔ مشرقی و مغربی مفکرین اس بات پر متفق ہیں کہ معلم کے بچوں کی شخصیت اور ان کے مستقبل پر گہرے اثرات پڑتے ہیں۔ اب اگر ہم اپنے معاشرے میں مدرسے یا اسکول اور ان کے توسط سے استاد کے کردار کا جائزہ لیں تو کیا کوئی قابل رشک تصویر ابھرتی ہوئی نظر آتی ہے۔ جواب اس کا اگر نفی میں ہے تو پھر جان لینا چاہئے کہ ہم فاتح عالم بننے کے اپنے خیالی دعووں میں کتنے سنجیدہ اور مخلص ہیں۔ اگر ایک طرف طبقاتی نظام تعلیم نے مستقبل کے معماروں کو تقسیم در تقسیم کر کے حصول علم کے اصل منہج سے بیگانہ بنا دیا ہے تو دوسری طرف مدرسہ اپنے نظری و عملی اشکالات میں تضادات کا شکار ہے۔ طبقاتی نظام تعلیم کا ثمر یہ ہے کہ جرنیل، سرمایہ دار و جاگیر دار کا بیٹا اپنے پیش رو کی گدی یا کرسی کا حق دار ٹھہرے اور بلدیہ کے اسکول میں پڑھنے والا حسب روایت اس آقا کی غلامی میں خود کو لانے کیلئے طور طریقے سیکھ پائے۔ آسان الفاظ میں یہ نظام تعلیم آقا اور غلام کے فرق کو برقرار رکھنے کی ایک ایسی فیکٹری ہے جسے نام نہاد محبان وطن ۶۲ سال میں بھی بند کرنے کی جرأت تک نہیں کر سکے، جہاں تک استاد کے کردار کی بات ہے تو یہ بھی اس نظام کا دین ہے کہ استاد، تاجر بن گیا ہے۔ وہ بچے کی شخصیت نکھارنے پر بلا کیونکر توجہ دے پائے گا جب اس نے زندگی کا ماحاصل اپنے آپ کو سنوارنا متصور کر لیا ہو۔ یہ استاد ہی ہے جن کی نظر کرم سے سرکاری اسکولوں پر تالے پڑ رہے ہیں اور نجی اسکولوں نے متوسط طبقے کو لوٹنے کیلئے قانونی جواز پالیا ہے۔ نجی اسکول بھی مختلف درجات میں منقسم ہیں جو جتنا زور آور اور مالی

طور پر طاقت ور ہے اس کے لئے اسی طرح کے تعلیم کے مواقع میسر ہیں۔ جہاں طبقاتی نظام تعلیم قومی یکجہتی پر کاری ضرب لگائے ہوئے ہے، وہاں مدرسے بھی ملی یکجہتی کیلئے سامان بہم فراہم کرنے سے قاصر ہیں۔ جب صورت حال یہ ہو تو اصلاح معاشرے کے تقاضے کس طرح پورے ہو سکیں گے۔۔۔۔ آج جہاں ایک طرف پوش علاقوں میں انگریزی میڈیم اسکولوں کی بھرمار اصلاح معاشرے کیلئے توانائی فراہم کرنے کی بجائے اس کی دیواریں منہدم کرنے میں لگی ہوئی ہے تو دوسری طرف متوسط طبقے کے علاقوں اور غریبوں کی کچی آبادیوں میں جگہ جگہ مدرسے قائم ہیں، لیکن معاشرہ پھر بھی اپنی ڈگر پر گامزن ہے اور ان مدرسوں کے اثرات معاشرے پر اثر انداز نہیں ہو پا رہے۔ اصلاح معاشرے کے بغیر کسی ملک یا قوم میں تبدیلی کا خواب محض خواب ہی رہتا ہے۔ کیا رہنمایان ملت کو اس ناگزیر ضرورت کا احساس ہے اگر ہے تو پھر ہمارے معاشرے کی عملی تصویر اتنی بد نما کیوں ہے!!

٭٭٭

اصلاح معاشرہ میں والدین کا کردار

انسان کو اللہ تعالیٰ نے بے شمار نعمتوں سے نوازا ہے' جیسا کہ قرآن کریم میں ہے:

"وان تعدو انعمۃ اللہ لا تحصوھا"

اور ان نعمتوں میں سے ایک عظیم نعمت اولاد بھی ہے، عام دستور ہے کہ نکاح کے بعد ہر مرد و عورت کی خواہش ہوتی ہے کہ ہماری اولاد ہو، اس کے لیے دعائیں مانگی جاتی ہیں لیکن اللہ تعالیٰ جسے چاہتا ہے اسے اس نعمت سے نواز دیتا ہے، کسی کو لڑکا اور کسی کو لڑکی اور کسی کو دونوں جبکہ بعض کو اپنی کسی حکمت کی بناء پر اولاد نہیں دیتا۔ جیسا کہ قرآن کریم میں ہے:

"یھب لمن یشاء اناثا ویھب لمن یشاء الذکور' او یزوجھم ذکرانا واناثا ویجعل من یشاء عقیما" (الشوریٰ: ۵۰،۴۹)

ترجمہ:۔۔۔ "جس کو چاہتا ہے بیٹیاں عطا فرماتا ہے اور جس کو چاہتا ہے بیٹے عطا فرماتا ہے یا ان کو جمع کر دیتا ہے بیٹے بھی اور بیٹیاں بھی اور جس کو چاہے بے اولاد رکھتا ہے"۔

اولاد کے متعلق شریعت کا حکم ہے:

"یا ایھا الذین اٰمنوا قوا انفسکم واھلیکم نارا۔۔۔" (التحریم:۶)

ترجمہ:۔۔۔ "اے ایمان والوں تم اپنے آپ کو اور اپنے گھر والوں کو (دوزخ کی) اس آگ سے بچاؤ۔۔۔"۔

دین اسلام کی خوبیوں میں سے ایک خوبی یہ ہے کہ اسلام انسانی زندگی کے لیے ایک ایسا جامع نظام پیش کرتا ہے جو ہر دور کے لیے قابل عمل ہے اور اس کے ساتھ ساتھ اسلام اپنے پیروکاروں کی ہر مرحلہ پر رہنمائی کرنے کی بھی بھرپور صلاحیت رکھتا ہے۔

ہر باشعور انسان یہ جانتا ہے کہ مستقبل میں معاشرے کی تخلیق اور ترقی میں بنیادی کردار نئی نسل کا ہی ہے یہی وجہ ہے کہ اسلام نے اولاد کی صحیح تربیت کرنے کو ایک قابل تحسین بلکہ حد درجہ ضروری قرار دیا ہے، اور احادیثِ مبارکہ میں اس کے بے شمار فضائل آئے ہیں، جن سے معلوم ہوتا ہے کہ اولاد کی صحیح تربیت، ان کی دیکھ بھال اور ان کی ضروریات کا خیال رکھنا والدین کے لیے ضروری ہے اور یہ ایسا پاکیزہ عمل ہے جو والدین کو جنت میں لے جانے کا باعث بنتا ہے، چنانچہ امام مسلمؒ اپنی کتاب صحیح مسلم میں حضرت انس بن مالکؓ سے روایت کرتے ہیں کہ رسول اکرم ﷺ نے ارشاد فرمایا:

"من عال جاریتین حتی تبلغا جاء یوم القیامۃ أنا وھو، وضم أصابعہ"

(مسلم: ج: ۲ ص: ۳۳۰، باب فضل الاحسان الی البنات)

ترجمہ:۔ "جو شخص دو بچیوں کی بالغ ہونے تک کفالت کرے گا تو وہ قیامت میں اس طرح آئے گا کہ میں اور وہ اس طرح ہوں گے، اور آپ ﷺ نے اپنی انگلیوں کو ملا کر اشارہ کر کے بتلایا۔"

اسی طرح امام احمد بن حنبل رحمۃ اللہ اپنی کتاب مسند احمد میں حضرت عقبہ بن عامر جہنی رضی اللہ عنہ سے روایت کرتے ہیں کہ رسول اللہ صلی اللہ علیہ وسلم فرماتے ہیں:

"من کان لہ ثلاث بنات وصبر علیھن وکساھن من جدتہ (أی مالہ) کن لہ حجابا من النار۔" (الأدب المفرد، باب: من عال جاریتین أو واحدۃ)

ترجمہ:۔ "جس شخص کی تین لڑکیاں ہوں اور وہ ان کو خوش دلی سے برداشت کرے اور اپنے مال سے ان کو کھلائے پلائے اور پہنائے تو وہ لڑکیاں اس شخص کے لیے دوزخ سے بچانے کا ذریعہ بنیں گی۔

یہاں ایک وضاحت ضروری ہے کہ ان احادیث مبارکہ میں جو فضائل وارد ہوئے

ہیں وہ زیادہ تر لڑکیوں کی تربیت سے متعلق ہیں، جس سے کسی کے ذہن میں یہ اشکال پیدا ہو سکتا ہے کہ یہ فضائل صرف لڑکیوں سے متعلق ہیں، حالانکہ ایسا نہیں ہے بلکہ یہ فضائل لڑکے اور لڑکی دونوں کی تربیت کے حوالے سے ہیں۔

وجہ اس کی یہ ہے کہ زمانہ جاہلیت میں لڑکیوں کی پیدائش کو برا سمجھا جاتا تھا، جس کی وجہ سے جناب نبی کریمؐ نے لڑکیوں کے حقوق کو نہایت وضاحت کے ساتھ ذکر کیا۔ اس لیے کہ بیٹے کی محبت زمانہ جاہلیت میں بھی بہت تھی، البتہ بیٹی کو زمانہ جاہلیت میں موجب عار گردانا جاتا تھا اور یہ ایک ایسی رسم تھی جس کا قلع قمع کرنا نہایت ضروری تھا، اسی لیے اولاد کی تربیت کے حوالہ سے احادیث میں بیٹی کی تربیت کی ترغیب زیادہ وارد ہے۔ جس طرح اسلام نے اولاد کے لیے والدین کے حقوق مرتب کیے ہیں، اسی طرح اسلام بچوں کی تربیت کے حوالے سے والدین کے ذمہ بھی کچھ اصول وضع کرتا ہے اور ان کی پاسداری کی تلقین کرتا ہے، جن کا جاننا والدین حضرات کے لیے نہایت اہم ہے۔

مسلمان قوم جو ابتداء میں صحابہ کرام رضوان اللہ علیہم اجمعین کے علم و فضل اور مکارم و محاسن کے نور سے روشنی حاصل کرتی رہی اور تعلیم و تربیت کے سلسلے میں بھی انہی کے طور طریقوں کو اپنایا، جس کی وجہ سے ایسا پاکیزہ معاشرہ وجود میں آیا جس نے آگے چل کر ایک تاریخ رقم کی تا آنکہ وہ دور آ گیا جب اسلامی معاشرے سے اسلامی احکام ختم ہونے لگے اور روئے زمین سے خلافت اسلامیہ کے نشانات زائل ہونے لگے اور دشمنان اسلام سمجھنے لگے کہ اب ہم اپنے مذموم مقاصد اور ناپسندیدہ اغراض کی تکمیل کر لیں گے، دشمنان اسلام کی یہ آرزو عرصہ دراز سے ان کے دلوں میں پوشیدہ تھی لیکن یہ اسی وقت ممکن تھا جب مسلمان اسلام کے بنیادی اصولوں اور اس کے احکامات سے دور ہو جائیں اور ان کی ساری توجہ دنیاوی خواہشات اور لذتوں کے حصول کی طرف مبذول ہو

جائے تا کہ ان کے سامنے کوئی واضح مقصد اور منزل موجود نہ ہو۔ چنانچہ وہ دور آگیا جب مسلمان دین سے دور ہٹنے لگے اور ان میں باہمی اتحاد کی جگہ نفرتوں اور تفرقہ بازی نے لے لی تو اعداء اسلام نے ان پر یلغار کر دی، یہاں تک کہ ان کی سوچ اور تہذیب کو بدل ڈالا، جس کی وجہ سے معاشرے کا امن وسکون تہہ وبالا ہو کر رہ گیا۔

چنانچہ جب مسلمان قوم اپنے مقصد حقیقی سے پیچھے ہٹ گئی اور ان لادین ملحدین کے نرغے میں آگئی جنہوں نے روشن خیالی اور اعتدال پسندی کے خوشنما نعروں کے ذریعے مسلمان قوم کو ورغلا کر انہیں اپنی تہذیب اور ثقافت سے دور کر دیا جس کے اثرات سے پورا معاشرہ متاثر ہوا، اور وہ مسلمان جو کل تک توحید کی امانت کو سینے میں لے کر پوری دنیا پر حکمرانی کا فریضہ انجام دے رہا تھا آج وہی مسلمان اپنے دین ومذہب کے دفاع کے لیے بھی غیروں کا محتاج ہو کر رہ گیا ہے۔ آج اگر ہم معاشرے کے زوال کے اسباب پر نظر دوڑائیں تو منجملہ اور اسباب کے ایک بڑا سبب یہ بھی نظر آتا ہے کہ مسلمان قومیں اسلامی تعلیمات سے ہٹ گئیں ہیں، انہیں یہ احساس ہی نہیں کہ اسلام زندگی کے تمام شعبوں کے لیے واضح لائحۂ عمل رکھتا ہے، تاریخ کا مطالعہ کیجئے تو معلوم ہو گا کہ وہی قومیں کامیاب ہوتی ہیں جو مستقبل کے معماروں کی تربیت اور اصلاح پر توجہ دیتی ہیں کیونکہ نئی نسل ہی قوم کا مستقبل ہوا کرتی ہے اور اس سلسلے میں والدہ کا کردار نہایت اہمیت کا حامل ہے، جیسا کہ عربی کا ایک شعر ہے:

والأم مدرسۃ إذا أعددتہا:::: أعددت شعباً طیب الأعراق

ترجمہ: ماں ایک ایسا مدرسہ ہے اگر تم نے اسے تیار کر لیا، تو ایک ایسی جماعت کو تیار کر لیا جو بہترین جڑوں اور بنیاد والی ہے۔

ماں کی گود اولاد کے لیے پہلا مکتب اور مدرسہ ہے اولاد کو جو کچھ سکھایا جاتا ہے اس

کا اثر بچے کی زندگی میں ہمیشہ نمایاں رہتا ہے ان کی صحیح دینی تربیت کے ذریعے سے ہی معاشرے کے لیے وہ افراد تیار کیے جاسکتے ہیں جو معاشرے سے برائیوں کا خاتمہ کر سکیں اور معاشرے کو ایک صحیح نہج پر ڈھال سکیں۔

ہم میں سے ہر ایک جب اس بات کا خواہاں ہے کہ اسلام کی نشاۃ ثانیہ قائم ہو اور ایک مثالی معاشرہ وجود میں آئے جس کے اثرات و ثمرات سے پوری دنیا میں امن و امان کا بول بالا ہو تو اس کے لیے ضروری ہے کہ ہم ان اسباب کو اپنائیں جو مثالی معاشرے کی تخلیق کا باعث ہوں اور اس سلسلے میں سب سے زیادہ ذمہ داری ان والدین کی بنتی ہیں جو آنے والی نسل کے سربراہ ہیں کہ وہ اولاد کی ایسی تربیت کریں کہ آگے چل کر یہ نسل معاشرے کے لیے مفید ثابت ہو، آج اگر ہم ان کی ایسی تربیت کریں گے جو تربیت اسلامی اصولوں کے عین مطابق ہو گی تب تو بہتری کی امید رکھی جاسکتی ہے ورنہ حسرت ہی رہ جائے گی۔اس سلسلے میں کچھ نگارشات والدین کی خدمت میں پیش کرنے کی جسارت کر رہا ہوں۔

۱:۔ تربیت کرنے والے کو یہ معلوم ہونا چاہئے کہ اس کی کیا کیا ذمہ داریاں ہیں۔ جب مربی اپنی ذمہ داریوں سے واقف ہو گا تب ہی وہ اپنی ذمہ داری کو پوری طرح نبھا پائے گا۔

۲:۔ انہیں گھر کے اندر ایسا دینی ماحول فراہم کیا جائے جس میں وہ پروان چڑھ سکیں اور ساتھ ساتھ اپنے مذہب اور دین کے بارے میں بھی آگاہ ہو سکیں۔

۳:۔ اسی طرح وہ والدین جو اپنے بچوں کو ایسے اسکولوں میں داخل کرتے ہیں جو اسکول غیر مسلموں کی نگرانی میں قائم ہوں ان اسکولوں میں اپنے بچوں کو تعلیم دلانے میں احتیاط برتنی چاہئے کیونکہ اگر بچہ ایک ایسے اسکول میں تعلیم حاصل کرے گا جہاں کا

ماحول اور اساتذہ لادین ہوں تو یقیناً اس کا اثر اس بچے کے ذہن پر بھی پڑے گا اور آگے چل کر اس کے دل میں ایسے خیالات پیدا ہوں گے جو دین سے دوری کا سبب بنیں گے۔

۴:۔اسی طرح آجکل اسکول کالجز میں مخلوط تعلیم کا جو سلسلہ چل نکلا ہے اس سے بھی از حد احتیاط کی ضرورت ہے، کیونکہ ماحول کا اثر بچے کی شخصیت پر فوری اثر انداز ہوتا ہے، مرد و عورت کے باہمی اختلاط کی وجہ سے جو قباحتیں ہیں، وہ سب کے سامنے ہیں، جس کی وجہ سے بچہ کی توجہ تعلیم سے زیادہ دیگر غیر اخلاقی سرگرمیوں میں صرف ہوتی ہے۔

۵:۔والدین اپنی ناپختہ ذہن اولاد کو موبائل فون سے دور رکھیں، جس کے غلط اور بے جا استعمال نے معاشرے کو اخلاقی پستی کی جانب دھکیلنے میں نہایت اہم کردار ادا کیا ہے، افسوس اس بات کا ہے کہ آج پوری قوم ان موبائل فونوں کے زیرِ اثر آچکی ہے اور بچے ہی نہیں بڑے بھی اس شکنجے میں بری طرح جکڑے ہوئے ہیں اور لاکھوں روپے اس گناہ بے لذت میں اڑائے جارہے ہیں، اس کے لیے ضروری ہے کہ والدین اولاد کو اس فتنے سے دور رکھیں اور بالفرض محال اگر اس کے دینے کی اشد ضرورت پیش آ بھی جائے تب بھی والدین کا یہ فرض بنتا ہے کہ وہ بچوں کی نگرانی کریں، اس لیے کہ ایسی کئی مثالیں ہمارے سامنے ہیں کہ والدین نے بچوں کو موبائل فون خرید کر دیا اور بے فکر ہو گئے جس کا نتیجہ یوں نکلتا ہے کہ وہ بچہ غیر اخلاقی سرگرمیوں میں ملوث ہو جاتا ہے اور والدین کو اس کی خبر ہی نہیں ہوتی۔

۶:۔اسی طرح والدین کا یہ فرض بنتا ہے کہ وہ اپنے بچے کی تعلیم کے ساتھ اس کے اخلاق اور سیرت و کردار پر بھی توجہ دیں، اس لیے کہ جناب کریمؐ کا ارشاد گرامی ہے:

"ما نحل والد ولداً من نحل أفضل من أدب حسن۔"

(مسند احمد، ج:۱۲، ص:۱۶۰)

ترجمہ:۔ "کسی باپ نے اپنے بیٹے کو عمدہ اور بہترین ادب سے زیادہ اچھا ہدیہ نہیں دیا۔"

ابن ماجہ حضرت عبد اللہ بن عباس سے روایت کرتے ہیں کہ رسول اکرم صلی اللہ علیہ وسلم نے ارشاد فرمایا:

"أکرموا أولادکم وأحسنوا أدبھم "(سنن ابن ماجہ، ج:۴ص:۱۸۹)

ترجمہ:۔ "اپنے بچوں کا اکرام کرو اور انہیں اچھی تربیت دو۔"

ایک اور روایت میں آتا ہے:

"علموا أولادکم وأھلیکم الخیر وأدبوھم۔"

(:اسلام اور تربیت اولاد۔ مکمل۔ مولاناڈاکٹر محمد حبیب اللہ مختار شہیدؒ)

ترجمہ:۔" اپنی اولاد اور گھر والوں کو خیر و بھلائی کی باتیں سکھاؤ اور ان کی اچھی تربیت کرو۔

غور کیجئے کہ جناب نبی کریمؐ کس قدر سہل انداز میں بچوں کی تربیت کے متعلق زریں ارشادات فرمائے ہیں، یقیناً جو کوئی آپ اکے فرمودات کی روشنی میں اس عزم کے ساتھ اپنی اولاد کی تربیت کرے گا کہ حضور اکرم اکے یہ فرامین ہماری اولاد کی بہترین تربیت میں مدد گار ثابت ہوں گے تو انشاء اللہ امید رکھی جاسکتی ہے کہ آنے والا وقت برکتیں لے کر آئے گا۔

آج آپ دیکھ رہے ہیں کہ صحیح تربیت نہ ہونے کی وجہ سے ہمارے مستقبل کے یہ معمار اعداء اسلام کی نقالی اور ان کے حلیوں کو اپنانے میں فخر محسوس کرتے ہیں اور ان کی تہذیبوں سے ثقافتوں سے پوری طرح باخبر ہوتے ہیں جبکہ اسلامی تعلیمات سے بے بہرہ

اور نا آشنا ہوتے ہیں، شاید کہ انہوں نے یہ سمجھ لیا ہے کہ ترقی کی علامت یہی ہے کہ لادین ملحدین کی نقالی کی جائے، ان کے بیہودہ اور غیر اسلامی تہذیبوں اور ثقافتوں کو اپنایا جائے، ایسا معلوم ہوتا ہے کہ ان کے لیے نہ دین کی طرف سے کوئی رکاوٹ ہے اور نہ ضمیر کی طرف سے کوئی روک ٹوک ہے، یہی وجہ ہے کہ آج کی نوجوان نسل اہل باطل سے مقابلہ کرنے سے قبل ہی خود اپنی شخصیت اور ارادے سے شکست کھا چکی ہے، جس کی وجہ سے اہل مغرب کو آج کی نوجوان نسل سے کوئی خطرہ لاحق نہیں، کیونکہ وہ اس با ت کو جانتے ہیں کہ آج کا مسلمان ہم سے اس درجہ متاثر ہو چکا ہے کہ وہ ہماری تہذیب اور ثقافت کو اپنانے میں ذرا سی بھی عار محسوس نہیں کرتا۔ اس میں قصور کس کا ہے؟

بقول اکبر الہ آبادی مرحوم:

بچوں میں کیا خو آئے ماں باپ کے اطوار کی
دودھ ہے ڈبے کا اور تعلیم ہے سرکار کی

۷:۔ والدین کی یہ ذمہ داری بنتی ہے کہ وہ خود بھی ایسے کاموں سے اجتناب کریں جن کا غلط اثر ان کی اولاد پر پڑ سکتا ہے اور اپنی اولاد پر بھی نظر رکھیں اس لیے کہ بچہ اپنے ارد گرد کے ماحول کا اثر فوری قبول کرتا ہے۔

۸:۔ اسی طرح والدین کی یہ بھی ذمہ داری بنتی ہے کہ وہ ابتداء ہی سے بچے کی دینی اور اخلاقی تربیت ایسی کریں کہ جن کاموں سے اللہ اور اس کے رسول انے منع کیا ہے ان کاموں سے خود بھی رکیں اور اپنی اولاد کو بھی شروع سے یہ بات سمجھائیں اور اس چیز کا خوف ان کے دلوں میں بٹھائیں کہ وہ کام جن کے کرنے سے اللہ اور اس کے رسول ناراض ہوتے ہوں ان کاموں سے بچو، ورنہ اللہ تعالیٰ ناراض ہو جائیں گے۔

اس وقت المیہ یہی ہے کہ والدین اپنے بچوں کی تربیت اس انداز میں نہیں کرتے

، جو انداز تربیت مسلمانوں کا شعار رہا ہے، حالانکہ شریعت مطہرہ نے اس سلسلے میں بھی بنی آدم کو تنہا نہیں چھوڑا بلکہ بچے کی تربیت سے متعلق تمام تر باتیں نہایت وضاحت کے ساتھ ذکر کیں ہیں، جناب نبی کریمؐ کا جو مشفقانہ رویہ اور محبت بچوں کے ساتھ ہوا کرتی تھی اس کا ذکر احادیثِ مبارکہ میں کثرت کے ساتھ موجود ہے۔

اس میں کوئی شک نہیں کہ اللہ جل شانہ نے ماں باپ کے دلوں میں جو قابل قدر جذبات ودیعت رکھے ہیں ان میں سے بچوں پر رحم، شفقت و محبت اور الفت و پیار بھی ہے اور یہ ایسا جذبہ ہے جو بچوں کی تربیت و اصلاح کے سلسلے میں بڑی اہمیت رکھتا ہے حقیقت یہ ہے کہ جس شخص کا دل رحم سے خالی ہوتا ہے وہ شخص ترش روئی، سختی اور قساوت جیسی بری خصلتوں کا مالک ہوتا ہے جن کا اولاد پر نہایت برا اثر پڑتا ہے اور ان میں بغاوت اور انحراف کا جذبہ پیدا ہوتا ہے۔

اسی وجہ سے شریعت مطہرہ نے انسان کے دلوں میں محبت اور رحم کے جذبے کو راسخ کیا اور بڑوں کو خواہ وہ اساتذہ ہوں یا ماں باپ یا پھر کسی بھی شعبے کے سربراہ سب کو ان اوصاف کے اختیار کرنے اور ان سے آراستہ ہونے کی ترغیب دلائی، اس سلسلے میں چند احادیث ملاحظہ کیجئے کہ جناب نبی کریمؐ نے رحم کے موضوع کو کتنی اہمیت دی اور لوگوں کے اندر اس وصف کو پیدا کرنے کے لیے آپ نے کس قدر اسلوب حکیمانہ کے ساتھ متوجہ کیا، چنانچہ ابو داؤد اور ترمذی میں حضرت عبد اللہ بن عمرو بن العاص رضی اللہ عنہما سے روایت ہے کہ رسول اکرم صلی اللہ علیہ وسلم نے فرمایا:

"لیس منا من لم یرحم صغیرنا ولم یعرف حق کبیرنا"

(ترمذی، ابواب البر والصلۃ، ص:۱۴ط: قدیمی کتب خانہ)

ترجمہ: وہ شخص ہم میں سے نہیں جو چھوٹوں پر رحم نہ کرے اور بڑوں کے حق کو نہ

پہچانے۔

اسی طرح امام بخاری اپنی کتاب "الادب المفرد "میں حضرت ابو ہریرہ رضی اللہ عنہ سے روایت کرتے ہیں کہ ایک آدمی نبی اکرم اکی خدمت میں حاضر ہوئے، ان کے ساتھ ایک بچہ بھی تھا، جس کو وہ اپنے آپ سے چمٹا رہے تھے تو آپ انے ان سے پوچھا: "کیا تمہیں اس بچہ پر رحم آتا ہے ؟انہوں نے جواب میں عرض کیا جی ہاں! تو آپ انے فرمایا:

"فاالله أرحم بک منک بہ وھو أرحم الراحمین"

(اسلام اور تربیت اولاد۔ مکمل۔ مولاناڈاکٹر محمد حبیب اللہ مختار شہیدؒ)

ترجمہ: اللہ تعالیٰ تم پر اس سے زیادہ رحم کرنے والا ہے جو تم اس بچہ پر کر رہے ہو اور وہ تو ارحم الراحمین ہے۔

نبی کریمؐ اگر کسی صحابی کو اپنے بچوں پر رحم کرتا نہیں دیکھتے تو نہایت شدت سے ان صحابی کو تنبیہ فرماتے، چنانچہ امام بخاری "الادب المفرد" میں ام المؤمنین حضرت عائشہ صدیقہ رضی اللہ عنہا سے روایت کرتے ہیں کہ وہ فرماتی ہیں کہ ایک دیہاتی صحابی نبی کریمؐ کی خدمت حاضر ہوئے اور عرض کیا: کیا آپ اپنے بچوں کو چومتے ہیں ؟ہم تو نہیں چومتے! تو نبی اکرم انے فرمایا:

"أو أملک لک أن نزع اللہ من قلبک الرحمہ۔"

(الأدب المفرد۔ ص:۴۰، باب:قبلۃ الصبیان)

ترجمہ :۔ "اگر اللہ تعالیٰ تمہارے دل سے رحم نکال دے تو میں تمہارے لیے کیا کر سکتا ہوں۔"

اصل مسئلہ یہ ہے کہ بعض والدین بچوں کے ساتھ یا تو نہایت سختی کا معاملہ کرتے

ہیں جس کا اثر بچے کے اوپر پڑتا ہے اور اس کے اندر احساس کمتری کا مادہ پیدا ہو جاتا ہے یا پھر بعض والدین بچے کے ساتھ نہایت نرمی کا معاملہ کرتے ہیں اس کی کوتاہیوں کو یکسر نظر انداز کرتے رہتے ہیں چنانچہ یہ چیز بھی بچے کے لیے نقصان دہ ثابت ہوتی ہے۔

۹:۔ والدین بچوں کی تربیت سے متعلق دینی کتابوں کا مطالعہ کریں تاکہ وہ یہ جان سکیں کہ شریعت مطہرہ نے بچے کی نفسیات کو کس بہتر انداز میں سمجھ کر اس کے متعلق مختلف ایسے حکیمانہ اسلوب وضع کیے ہیں جن کی روشنی میں بچے کی تربیت بہت سہل انداز میں کی جاسکتی ہے۔ الغرض یہ تمام تر وہ ذمہ داریاں ہیں جو والدین حضرات پر عائد ہوتی ہیں لہٰذا والدین حضرات اپنی ذمہ داری محسوس کریں اور سمجھیں کہ اس پر فتن دور میں جو ذمہ داری اولاد کی تربیت کے حوالے سے ان کے کاندھوں پر عائد ہوتی ہے اس کا ادراک نہایت ضروری ہے، اگر ہم آج اس ذمہ داری کا احساس کرتے ہوئے اپنا فرض نبھائیں گے تو انشاء اللہ آنے والا وقت ہمارے لیے سکون و اطمینان اور برکتیں لے کر آئے گا۔

اللہ تعالیٰ سے دعا ہے کہ اللہ تعالیٰ ہمیں حق سمجھنے کی توفیق عطا فرمائے اور سیدھے راستے کی جانب ہماری راہنمائی فرمائے اور ہماری اولاد کو نیک سیرت اور اعلیٰ کردار والا بنائے اور انہیں دنیا و آخرت میں ہماری آنکھوں کی ٹھنڈک بنائے، آمین۔

اشاعت ۲۰۰۸ ماہنامہ بینات , رمضان، شوال: ۱۴۲۹ھ اکتوبر ۲۰۰۸ء, جلد ۷۱, شمارہ

* * *

اصلاح معاشرہ کی صحیح صورت

ہمارے برادران وطن کے یہاں تیوہاروں کی تعداد بہت زیادہ ہے۔ مختلف علاقوں میں مختلف قسم کے تیوہار منائے جاتے ہیں اور ان کی اہمیت ہوتی ہے۔ بہار میں سب سے زیادہ تقدس اور عظمت چھٹھ کے تیوہار کو ہے۔ اس تیوہار کو غور سے دیکھئے تو معلوم ہو گا کہ خاندان کی صرف ایک عورت جو عام طور پر بوڑھی ہوتی ہے وہ پوجا اور پرستش کے رسوم انجام دیتی ہے۔ گھر کے دیگر افراد خاص کر مرد اس سے بالکل الگ تھلگ رہتے ہیں۔ پوجا تو صرف ایک خاتون کرتی ہے لیکن پوری قوم اس تیوہار کے اہتمام میں ضرورت سے زیادہ دلچسپی لیتی ہے۔ گویا اس تیوہار کی پوجا سے زیادہ اس کے اہتمام کو اہمیت دی جاتی ہے۔ حالانکہ مذہبی اعتبار سے اصل اہمیت پرستش اور پوجا کی ہوتی ہے نہ کہ اس کے اہتمام کی۔

قومیں اور ملتیں جب زوال پذیر ہو جاتی ہیں تو ان کے یہاں ایسی ہی صورت حال پیدا ہوتی ہے۔ اصل عبادت فراموش کر دی جاتی ہے اور عبادت کا اہتمام اہمیت اختیار کر لیتا ہے۔ مسلم معاشرے کا حال بھی اس سے کچھ مختلف نہیں ہے۔ ابھی رمضان کا مہینہ گزرا ہے۔ آپ نے دیکھا کہ مسلمانوں کے اندر روزے کی اصل برکت یعنی تقویٰ، رب کی بڑائی اور اس کی شکر گزاری کے جذبات تو نہیں پیدا ہوئے لیکن رمضان اور روزوں کا اہتمام بہت کیا گیا۔ عید کی نماز سے زیادہ عید کی تیاری پر دھیان دیا گیا۔

قوموں اور ملتوں کی زندگی میں یہ حادثہ اس وجہ سے ہوتا ہے کہ وہ اپنے عقائد، اساسی تصورات، عبادات کی روح اور اس کے مقاصد سے غافل اور بیگانہ ہو جاتی ہے۔ اور غفلت و بیگانگی کی وجہ یہ ہوتی ہے کہ مذہب اور دین کی تعلیمات کو عام نہیں کیا جاتا

ہے۔ جہاں تک عیسائی اور ہندو مذہب کا تعلق ہے تو یہاں مذہب کی تعلیم اور مذہبی رسوم کی انجام دہی کی ذمہ داری ایک مخصوص طبقہ پر ہوتی ہے۔ عیسائی پادری اور ہندو پنڈت ہی تمام مذہبی رسوم انجام دے سکتے ہیں۔ دوسروں کو اس میں حصہ لینے کی اجازت نہیں ہے۔ ہندو مذہب کی مذہبی کتابیں پڑھنے کی اجازت عام لوگوں کو نہیں ہے۔ ان دونوں مذاہب کے لوگوں کو صرف اپنے پادری اور پنڈت کی باتوں کو ماننا اور ان پر عمل کرنا ہے۔ ان کو یہ بھی اختیار نہیں ہے کہ وہ ان سے پوچھیں کہ آپ ہمیں یہ باتیں کیوں بتارہے ہیں اور ہم یہ باتیں کیوں مانیں۔ پادری اور پنڈت کو سماج میں سند کا درجہ حاصل ہے۔

دین اسلام کا مزاج ان دونوں مذاہب سے یکسر مختلف ہے، لیکن مثل مشہور ہے کہ خربوزہ کو دیکھ کر خربوزہ رنگ بدلتا ہے۔ چنانچہ عیسائی اور ہندو مذہب والوں کے ساتھ رہتے رہتے مسلمانوں کی ذہنیت بھی ویسی ہی بن گئی کہ دین کی تعلیم حاصل کرنا، اس پر عمل کرنا اور اس کی تشریح و تعبیر کرنا تو عالم دین کی ذمہ داری ہے۔ عام مسلمانوں کو اس سے کیا لینا دینا۔ مولوی صاحب نے جو کچھ بتادیا وہی صحیح اور حق ہے۔ مولوی صاحب کے سامنے چوں چرا کرنے کی جرأت کون کرے۔ جس طرح ہندو سماج میں پنڈت نے اپنی پسند کا مذہب رائج کر دیا اسی طرح مسلم معاشرے میں بھی جاہل مولویوں اور شاہ صاحبوں نے قرآن و حدیث کے بر خلاف اپنا من مانا مذہب نافذ کر دیا اور بدعت و خرافات کو عوام سے مالی منفعت کمانے کا ذریعہ بنا لیا۔ عوام کی ذہنیت یہ بن گئی کہ گناہ کا کفارہ ادا کرنے کے لئے مولوی صاحب یا شاہ صاحب جو خرچ بتارہے ہیں اس کے بغیر گناہوں سے چھٹکارا کیسے ملے گا اس لئے چپ چاپ ان کی بات مان لو۔

مسلمانوں کے جدید تعلیم یافتہ اور باشعور طبقہ نے جب قرآن و حدیث اور اسلامی تعلیمات کا مطالعہ کیا تو اس نے محسوس کیا کہ اسلام کے منشاء اور مزاج کے خلاف یہ

مولوی اور شاہ صاحبان ایک الگ ہی شریعت کی پیروی عوام سے کرا رہے ہیں۔ انہوں نے جب مولوی اور شاہ صاحبان سے پوچھا اور حقیقت جاننی چاہی تو ان دونوں نے کمال غرور کے ساتھ فتویٰ صادر فرمایا کہ آپ دنیا دار لوگ کیا جانیں یہ شریعت اور طریقت اسرار و رموز ہیں۔ اسے صرف ہم اہل شریعت اور اہل طریقت سمجھ سکتے ہیں۔ تعلیم یافتہ طبقہ نے محسوس کیا کہ یہ دنیا کی نرالی مخلوق ہے۔ نہ بات سمجھتی ہے اور نہ سمجھا سکتی ہے۔

جب کسی بندۂ خدا نے عوام کو اسلام کی سچی اور اصلی تعلیمات سے روشناس کرانا چاہا تو ان مولوی اور شاہ صاحبان نے متفقہ اور متحدہ طور پر اس کے خلاف فتویٰ جاری کیا کہ یہ شخص یا یہ گروہ دین کے پردے میں دنیاداری کر رہا ہے اور مذہب کے نام پر سیاست کا کھیل کھیل رہا ہے، عوام اس سے ہوشیار رہیں۔ اس طرح اپنے ماننے والوں اور سچے داعیان اسلام کے درمیان ایک دیوار کھڑی کر دی اور جاہل عوام نے اپنے پیر و مرشد کی بات پر اعتماد کر کے ان لوگوں سے کنارہ کشی اختیار کر لی۔

مسلم عوام کا یہ خیال کہ دینی مسائل پر بولنے کا حق صرف عالم دین کو ہے علم شریعت سے ناواقفیت اور لاعلمی کے سبب ہے۔ اسلام میں عیسائیوں کی طرح Clergy System کی کوئی گنجائش نہیں ہے۔ یہاں ہر مسلمان مبلغ اور داعی دین ہے۔ ہر شخص کو دین کے معاملے اپنی معلومات کو بتانے اور سمجھانے کا یکساں حق حاصل ہے۔ شرط صرف یہ ہے کہ وہ معلومات قرآن و سنت کی بنیاد پر ہوں یا مستند فقہا اور علما کی معتبر رائیں ہوں۔ اس مضمون کو قرآن و حدیث کی روشنی میں سمجھنے کی کوشش کیجئے۔ رسول اللہ ﷺ نے فرمایا ہے بلغوا عنی ولو آیۃ (اگر میری ایک بات بھی تم کو معلوم ہے تو اسے دوسروں تک پہنچاؤ)۔ یہ ایک عام حکم ہے۔ اس میں کسی خاص فرقے یا گروہ کی کوئی تخصیص نہیں ہے۔ اس کا مخاطب ہر مسلمان ہے۔ کیا رسول مقبول کے اس حکم کے

مقابلے میں کسی دوسرے انسان کی بات قابل اعتبار ہو سکتی ہے۔

جب رسول اللہ ﷺ حج فرمایا جسے آخری حج کہتے ہیں تو خطبہ دیتے ہوئے آپ نے یہ بھی فرمایا تھا کہ جو لوگ یہاں موجود ہیں وہ ان باتوں کو ان لوگوں تک پہنچائیں جو یہاں موجود نہیں ہیں۔ ہو سکتا ہے کہ سننے والا کہنے والے سے زیادہ بہتر طریقے سے ان احکام پر عمل کرے۔ وہاں لاکھوں کا مجمع تھا اور یہ بات سبھوں سے کہی جا رہی تھی۔ ایک صاحب رسول اللہ ﷺ کے پاس آئے اور بولے اے اللہ کے رسول مجھے ایسی بات بتا دیجئے کہ اس کے بعد کسی سے پھر نہ پوچھنا پڑے۔ آپ نے فرمایا "کہو میں اللہ پر ایمان لایا اور اس پر جم جاؤ"۔ جن صاحب نے یہ بات سنی انہوں نے یہ بات اوروں کو بھی ضرور بتائی ہو گی۔ سورہ توبہ کے آخری رکوع میں اللہ تعالیٰ فرماتا ہے کہ " ضروری نہیں تھا مسلمان سارے کے سارے ہی نکل پڑتے۔ کیوں نہیں ایسا ہو کہ ہر بستی کے کچھ لوگ نکلے تا کہ وہ دین کی سمجھ پیدا کریں اور واپس جا کر اپنی قوم کو لوگوں تک اس کو پہنچائیں تا کہ قوم کافرانہ روش سے پرہیز کرے"۔ قرآن کریم کا یہ حکم عام ہے۔ اس میں کسی عالم اور فاضل کی تحدید نہیں کی گئی ہے۔

قرآن اور احادیث کے ان حوالوں سے صاف ظاہر ہوتا ہے کہ مسلم معاشرے کا ہر فرد مبلغ ہے اور دین کی دعوت دینا اس کی ذمہ داری ہے۔ دوسرے مذاہب کی طرح اسلام اپنے ماننے والوں سے صرف اتنا مطالبہ نہیں کرتا ہے کہ وہ دین کے احکام پر صرف عمل کر لیں۔ وہ چاہتا ہے کہ دین کے ماننے والے ان باتوں کو دوسروں تک پہنچائیں اور ان کو بھی ان احکام پر عمل کرنے کی دعوت دیں۔ اگر مسلم معاشرے کا تعلیم یافتہ طبقہ قرآن و حدیث کا مطالعہ کر کے دینی تعلیمات کو عوام تک پہنچانے کی کوشش کرے تو یقین ہے کہ عوا کے اندر سے جہالت دور ہو گی اور مسلم عوام دین اسلام کی پیرو بن جائے

گی۔ مگر اس طبقہ کو جو چیز ایسا کرنے سے روکتی ہے وہ یہی ہے کہ "ہم تو عالم دین ہیں ہی نہیں ہم کو یہ حق کہاں حاصل ہے اور ہماری یہ ذمہ دار ہے بھی نہیں"۔ کیا مذکورہ بالا معروضات کے بعد بھی جدید تعلیم یافتہ طبقہ یہ عذر پیش کرنے کا حق رکھتا ہے۔

ملک کے طول و عرض میں دینی مدارس اور درسگاہوں کا جال بچھا ہوا ہے۔ ایک محتاط اندازے کے مطابق ہر سال تقریباً ایک ہزار عالم اور فاضل ان مدرسوں اور درس گاہوں سے فارغ ہو کر نکلتے ہیں۔ جس ملت کے اندر علما کا اتنا بڑا گروہ تیار ہو رہا ہو وہ ملت دین کی تعلیمات سے غافل کیسے رہ سکتی ہے؟ لیکن حقیقی صورت حال یہ ہے کہ شہر میں یا گاؤں میں جمع کا خطبہ دینے کے لئے، نماز کی امامت کے لئے، دینی مسائل پر احکام جاننے کے لئے کسی معتبر عالم کی تلاش کیجئے تو ناکامی کے سوا کچھ ہاتھ نہیں آئے گا۔ معدودے چند ہی افراد ملیں گے جو پہلے سے موجود معاشرے میں موجود ہیں۔ یہ مدرسے کے فارغین علمائے کرام کس جنگل میں کھو جاتے ہیں۔ کیا زمین ان کو نگل جاتی ہے یا آسمان ان کو کھا جاتا ہے؟ ان کی تعلیم پر ملت کا عربوں کھربوں کا قیمتی سرمایہ زکوٰۃ اور صدقہ کی شکل میں خرچ ہوتا ہے۔

٭٭٭

اصلاحِ معاشرہ کا درست طریقہ

تحریر: شوبی

جب کوئی فرد اصلاحِ معاشرہ کی بات کرتا ہے تو اس کی عقل و شعور اُسے یہ احساس دلاتے ہیں کہ اصلاح کا عمل پہلے اپنی ذات سے شروع کیا جائے۔ افرادِ معاشرہ کی اصلاح کے لیے زبانی دعوے اور نصیحتیں کار گر نہیں ہوتیں بلکہ اس کے لیے انسان کو سراپا اخلاق اور مہر و مروّت بن کر رہنا پڑتا ہے۔

حضرت امام جعفر صادق رحمۃ اللہ علیہ فرماتے ہیں:

"لوگوں کے معلّم اور ہدایت کنندہ بنو! زبان سے نہیں، بلکہ اپنے اعمال، رفتار اور کردار سے۔"

اسلام دین و دنیا کی وحدت اور ہمہ گیر توازن کی اہمیت پر زور دیتا ہے۔ اسلام کی تعلیمات میں ایسی کوئی چیز موجود نہیں جو علم اور عقل کے معیار پر پوری نہ اُترتی ہو۔ اسلام کے نزدیک ہر نفس اپنے اعمال کا خود ذمہ دار ہے اور بہترین شخص وہ ہے جو دوسروں کے لیے زیادہ فائدہ مند ہو۔ اسلام نے باہمی تعلّقات اور معاشرے کی اصلاح و سدھار کے لیے حقوق و فرائض کے جو دائرے متعین کیے ہیں ان کی بنیاد احسان اور حسنِ سلوک پر رکھی گئی ہے تاکہ معاشرے میں زبانی نصیحت و وعظ کے بجائے عملی طور پر لوگ ایک دوسرے کو دیکھ کر اپنے احوال کی اصلاح کریں۔

اسلام ہمیں یہ درس دیتا ہے کہ پیار و محبت، ایثار و قربانی اور عزت و احترام کا دائرہ ہم محض مسلمانوں تک محدود نہ رکھیں بلکہ تمام انسانوں کے علاوہ حیوانات اور ہر ذی حیات کو اس سے راحت و آرام پہنچائیں۔ یہی اسلام کا مقصدِ عظیم ہے۔

عورت کا معاشرتی کردار

سیدہ ریحانہ بخاری

مسلمان مرد اور عورت دونوں کا معاشرتی کردار اور مسلم معاشرے کے حوالے سے جو ذمہ داریاں ان کے کندھوں پر عائد ہوتی ہیں انہیں ایک ہی آیت کریمہ میں واضح کر دیا گیا ہے۔

يٰٓاَيُّهَا الَّذِيْنَ اٰمَنُوْا قُوْٓا اَنْفُسَكُمْ وَاَهْلِيْكُمْ نَارًا

(التحریم، ٦٦ : ٦)

"اے ایمان والو! اپنے آپ کو اور اپنے اہل و عیال کو اس آگ سے بچاؤ"۔

اس آیت کریمہ میں اللہ تبارک و تعالی نے اس بات کا برملا اظہار کر دیا کہ معاشرے کی تعمیر و ترقی یا اصلاح معاشرہ کی ذمہ داری مرد اور عورت دونوں پر یکساں عائد ہوتی ہے دونوں ہی اپنی اس ذمہ داری کے ضمن میں برابر کے جواب دہ ہوں گے۔ اللہ تبارک و تعالی نے فرمایا کہ معاشرے کی تعمیر و ترقی دونوں کا فریضہ ہے اور دونوں کو اپنے اپنے مخصوص دائرہ کار میں رہتے ہوئے اس فرض کی ادائیگی کرنا ہو گی گویا کہ عورت بھی تعمیر معاشرہ کے ضمن میں یکساں اہمیت کی حامل ہے بلکہ حقیقت تو یہ ہے کہ اس پر یہ ذمہ داری ایک حوالے سے مرد سے قدرے زیادہ عائد ہوتی ہے کیونکہ عورت کی گود ہی وہ اولین مکتب ہے، جہاں معاشرے کا ہر فرد بلا تخصیص مرد و عورت اپنی زندگی کے ابتدائی اور بنیادی مراحل سے گزرتا ہے، یہاں بھی اس کی ذہنی، اخلاقی، روحانی تربیت اور نشو و نما کی بنیاد رکھی جاتی ہے، اسی بنیاد پر اس کی زندگی کی پوری عمارت تعمیر ہوتی ہے، ماں کی گود اور عورت کا بنایا ہوا یہ گھر ہی اس معاشرے کا سب سے اہم انسان ساز ادارہ ہے،

اس لحاظ سے عورت معاشرے کا سب سے مفید اور نہایت اہم رکن ہے جو اپنی انفرادی حیثیت میں بھی کل معاشرے کی اصلاح کا بیڑہ اٹھائے ہوئے ہے اور ایک بھرپور معاشرتی کردار ادا کر رہی ہے۔ آیئے جائزہ لیتے ہیں کہ اپنے مخصوص دائرہ کار میں رہتے ہوئے قرآن یا اسلام عورت سے کس قسم کی معاشرتی ذمہ داریوں کا تقاضا کرتا ہے۔

عورت کا معاشرتی کردار بحیثیت بیوی

ارشاد باری تعالی ہے۔

فَالصّٰلِحٰتُ قٰنِتٰتٌ حٰفِظٰتٌ لِّلْغَيْبِ بِمَا حَفِظَ اللّٰه

(النساء، ۴ : ۳۴)

"پس نیک بیویاں، اطاعت شعار ہوتی ہیں شوہروں کی عدم موجودگی میں اللہ کی حفاظت کے ساتھ (اپنی عزت کی) حفاظت کرنے والی ہوتی ہیں"

اس آیت کریمہ میں واضح کیا جا رہا ہے کہ بحیثیت بیوی وہ عورتیں نیک سیرت کہلانے کی حقدار ہیں جو وفا شعار، پرہیز گار اور متقی ہوتی ہیں جن کا عمل یہ ہوتا ہے کہ اگر شوہر کچھ دیر کچھ دن یا کچھ عرصے کے لئے کسی بنا پر گھر سے باہر ہوتا ہے تو اس کی عدم موجودگی کے باعث کسی بھی طرح بھٹکتی نہیں بلکہ ایسی صورت میں وہ اور زیادہ تندہی کے ساتھ خود کو اللہ تعالی کی نگرانی میں شوہر کے تمام حقوق مثلاً اولاد کی تربیت، گھر کی دیکھ بھال، شوہر کے اہل خانہ سے نیک سلوک اور سب سے بڑھ کر شوہر کی امانت یعنی اپنی عفت و عصمت کی محافظ ہوتی ہیں۔

خانگی و بیرونی زندگی

انسانی معاشرہ ایک کل ہے اس کے دو جزو ہیں۔

۱۔ عائلی اور خانگی زندگی ۲۔ بیرونی زندگی یعنی سیاسی سماجی اور معاشرتی زندگی

بیرونی زندگی سائنس دانوں، تاجروں، اساتذہ کرام، علماء دین، سیاستدانوں، حکمرانوں سپہ سالاروں، ججوں، قاضیوں، مفتیوں اور بزنس پیشہ لوگوں وغیرہ سے عبارت ہے جبکہ خانگی زندگی خونی اور نسبی رشتوں سے تشکیل پاتی ہے، معاشرہ کی تشکیل و تکمیل کا اہم کام سر انجام دینے والے تمام اہم عناصر سیاستدان، سائنس دان، علماء کرام، سپہ سالار جج، قاضی، مفتی وغیرہ سب ایک عورت کی گود کے ہی پروردہ ہیں اور تربیت یافتہ ہیں۔ اس صورت میں ماں کے روپ میں ایک عورت بالواسطہ بھی اور بلاواسطہ بھی پورے معاشرے پر اثر انداز ہو رہی ہے۔ ایسے میں ماں کی اہمیت اور حیثیت بلا شک وشبہ اپنی جگہ مسلّم لیکن یہاں ایک بات اور قابل غور ہے کہ ماں بچے کو نو ماہ شکم میں رکھتی ہے، اس کی تخلیق کے کرب سے گزرتی ہے۔ دو سال اسے اپنا خون جگر پلاتی ہے۔ اپنی گود کے ابتدائی مکتب میں اس کی تعلیم و تربیت کی بنیاد رکھتی ہے اور جب وہ مرد معاشرے میں اپنا بھرپور کردار ادا کرنے کے قابل ہو جاتا ہے تو بے شمار ذمہ داریوں کے ہمراہ ایک دوسری عورت کے سپرد کر دیتی ہے جسے بیوی کا نام دیا جاتا ہے۔ اب ماں کی ذمہ داری کسی حد تک پوری ہو گئی۔ اب مرد کی عملی زندگی کا آغاز ہوتا ہے۔ وہ برائی، حلال و حرام کے سب راستوں اور ان پر چلنے کے اچھے یا برے انجام سے باخبر بھی ہے اور انہیں اپنی مرضی سے اختیار کرنے کے معاملے میں خود مختار بھی یعنی مرد کو بحیثیت شوہر عورت کا قوام بنا دیا جاتا ہے، اس مرحلے پر مرد نہ صرف یہ کہ بحیثیت قوام عورت کا ذمہ دار ہے بلکہ معاشرتی انتظامیہ کا ایک نہایت اہم اور ذمہ دار رکن بھی۔ عورت بطور بیوی اس کی تمام اہم معاشرتی ذمہ داریوں کو پورا کرنے میں ایک نہایت اہم کردار ادا کر سکتی ہے، معاشرے میں پھیلی ہوئی تمام برائیوں کا تعلق زیادہ تر بیرونی زندگی سے ہوتا ہے۔ مثلاً رشوت، غبن، چور بازاری، ذخیرہ اندوزی، سمگلنگ، رقص و سرور، دھوکہ فریب

وغیرہ اور یہ تمام افعال مرد کے ہی ہاتھوں انجام پاتے ہیں۔ اگر بیوی شوہر کے تمام اندرونی اور بیرونی امور پر بھرپور نظر رکھے اور ایک محبت کرنے والی ہمدرد رفیقہ حیات کے روپ میں بہت ذہانت اور خوبی کے ساتھ کبھی کبھار شوہر سے ان امور پر گفتگو کر لے اور غیر محسوس طریقے سے اسے اسلامی احکامات کی روشنی میں ان برائیوں سے بچتے رہنے کی تلقین کرے اور ان برائیوں اور گناہوں کے باعث جو بد اثرات اس کی گھریلو زندگی اور خاص طور پر اولاد پر مرتب ہوتے ہیں، سدباب کرے۔ اس کا یہ مطلب ہرگز نہیں کہ مرد خود اس حوالے سے اپنی ذمہ داریوں کو پورا کرنے سے مستثنیٰ ہے اور اگر عورت اسے گائڈ نہ کرے تو مرد ہر الزام سے بری ہے ایسا ہرگز نہیں ہے بلکہ بات یہ ہے کہ مرد اپنے فرائض کو پورا کرنے کا خود ذمہ دار ہے اور عورت یعنی بیوی کو اپنے حصے کی ذمہ داریاں پوری کرنی ہیں تاکہ اپنی اپنی ذمہ داریوں کو بحسن وخوبی پورا کرتے ہوئے دونوں کا یہ متوازن رویہ ایک بہترین فلاحی مسلم معاشرے کی تشکیل و تکمیل میں مدو معاون ثابت ہو۔

محبت و دانشمندی

عورت کی بحیثیت بیوی دوسری اہم معاشرتی ذمہ داری یہ ہے کہ وہ گھر کے ماحول کو مضبوط بنیادوں پر استوار کرے۔ اگرچہ ترقی کرنا اور معاشرے میں اپنے لئے قابل احترام مقام پیدا کرنا غلط بات نہیں لیکن ساتھ ساتھ یہ بھی ضروری ہے کہ شوہر جو کچھ کما کر لائے بیوی اسے سلیقے اور سگھڑ پن سے خرچ کرے۔ تعیشات سے بھرپور زندگی گزارنے کی خواہش میں بے جا فرمائشیں اور ہر جائز وناجائز طریقے سے کھانے کی ترغیب سے بے شمار معاشرتی برائیوں کا آغاز ہوتا ہے بیوی شوہر سے زیادہ سے زیادہ آمدنی کا مطالبہ کرتی ہے اور وہ مطالبے کی تکمیل کے لئے اپنی عقل استعمال کئے بغیر جائز وناجائز

حلال و حرام کی تمیز کئے بغیر ہی مزید ذرائع آمدن کی تلاش شروع کر دیتا ہے۔ اس میں اس کی اپنی سوچ کا بھی دخل ہوتا ہے، اس غیر مناسب اور غیر ذمہ دار رویے کا اختتام آخر کار گناہ کبیرہ کے ارتکاب پر ہوتا ہے۔

✳ ✳ ✳

منتخب موضوعات پر اسلامی مضامین

کچھ اسلامی مضامین

مصنف : ڈاکٹر محمد شرف الدین ساحل

بین الاقوامی ایڈیشن منظر عام پر آچکا ہے